Dieser Band versammelt hundert Gedichte deutschsprachiger Lyriker vom Barock bis in die Gegenwart, die den Frühling besingen, herbeisehnen und feiern. Er lässt mit den Veilchen träumen, wenn das blaue Band wieder durch die Lüfte flattert, präsentiert Vertrautes, aber auch Entdeckungen aus Vergangenheit und Gegenwart. Und er lädt ein, sich aus dem oft trüben Alltag in das Land der Poesie aufzumachen, um sich einen Frühlingstag zu schenken.

Gudrun Bull, in München lebende Germanistin, hat bereits zahlreiche Anthologien bei <u>dtv</u> herausgegeben, darunter die erfolgreichen Geschenkbücher ›Nicht nur zur Osterzeit‹ (20885) und ›Ich wollt' ein Sträußlein binden‹ (13638).

Gedichte für einen Frühlingstag

Herausgegeben von Gudrun Bull

Deutscher Taschenbuch Verlag

Von der Herausgeberin Gudrun Bull
sind im Deutschen Taschenbuch Verlag erschienen:
Gedichte für einen Wintertag (13604)
Ich wollt' ein Sträußlein binden (13638)
Winter rund um die Welt (13710)
Weihnachten rund um die Welt (13820)
Nicht nur zur Osterzeit (20885)

**Ausführliche Informationen über
unsere Autoren und Bücher
finden Sie auf unserer Website
www.dtv.de**

Originalausgabe
Neuausgabe Februar 2010
Veröffentlicht im März 2004 im
Deutschen Taschenbuch Verlag GmbH & Co. KG,
München
© Deutscher Taschenbuch Verlag, München
Umschlagkonzept: Balk & Brumshagen
Umschlagbild: ›Kirschbaum und Gimpel‹
(ca. 1843) von Hokusai
Satz: Fotosatz Reinhard Amann, Aichstetten
Druck und Bindung: Druckerei C.H. Beck, Nördlingen
Gedruckt auf säurefreiem, chlorfrei gebleichtem Papier
Printed in Germany • ISBN 978-3-423-13852-9

Inhalt

Theodor Storm
1817–1888

FEBRUAR

Im Winde wehn die Lindenzweige,
Von roten Knospen übersäumt;
Die Wiegen sind's, worin der Frühling
Die schlimme Winterzeit verträumt.

MÄRZ

Und aus der Erde schauet nur
Alleine noch Schneeglöckchen;
So kalt, so kalt ist noch die Flur,
Es friert im weißen Röckchen.

APRIL

Das ist die Drossel, die da schlägt,
Der Frühling, der mein Herz bewegt;
Ich fühle, die sich hold bezeigen,
Die Geister aus der Erde steigen.
Das Leben fließet wie ein Traum –
Mir ist wie Blume, Blatt und Baum.

MAI

1

Die Kinder schreien »Vivat hoch!«
In die blaue Luft hinein;
Den Frühling setzen sie auf den Thron,
Der soll ihr König sein.

2

Die Kinder haben die Veilchen gepflückt,
All, all, die da blühten am Mühlengraben.
Der Lenz ist da; sie wollen ihn fest
In ihren kleinen Fäusten haben.

I

DES FRÜHLINGS ERSTE BLUME,
KOMM, SUCHE SIE MIT MIR!

O sanfter, süßer Hauch!
Schon weckest du wieder
Mir Frühlingslieder,
Bald blühen die Veilchen auch.

Ludwig Uhland

Heinrich Heine
1797–1856

LEISE ZIEHT DURCH MEIN GEMÜT

Leise zieht durch mein Gemüt
Liebliches Geläute.
Klinge, kleines Frühlingslied,
Kling hinaus ins Weite.

Kling hinaus, bis an das Haus,
Wo die Blumen sprießen,
Wenn du eine Rose schaust,
Sag, ich laß sie grüßen.

Paul Heyse
1830—1914

Stürme brausten über Nacht
Und die kahlen Wipfel troffen.
Frühe war mein Herz erwacht,
Schüchtern zwischen Furcht und Hoffen.

Horch, ein trautgeschwätz'ger Ton
Dringt zu mir vom Wald hernieder.
Nisten in den Zweigen schon
Die geliebten Amseln wieder?

Dort am Weg der weiße Streif —
Zweifelnd frag ich mein Gemüte:
Ist's ein später Winterreif
Oder erste Schlehenblüte?

Martin Greif
1839–1911

Wieder seh ich jenen Schimmer,
Jenen Schimmer an den Bäumen,
Der mir sagt, es könne nimmer
Lange mehr der Frühling säumen.

Ja, es ist ein holdes Zeichen,
Und, bevor wir ihn noch bitten,
Wird er uns mit seinen reichen
Wunderblüten überschütten.

Ernst Maria Richard Stadler
1883 – 1914

VORFRÜHLING

In dieser Märznacht
Trat ich spät aus meinem Haus.
Die Straßen waren aufgewühlt von Lenzgeruch
Und grünen Saatregen.
Winde schlugen an. Durch die verstörte Häusersenkung
Ging ich weit hinaus
Bis zu dem unbedeckten Wall und spürte:
Meinem Herzen schwoll ein neuer Takt entgegen.

In jedem Lufthauch
War ein junges Werden ausgespannt.
Ich lauschte, wie die starken Wirbel
Mir im Blute rollten.
Schon dehnte sich bereitet Acker.
In den Horizonten eingebrannt
War schon die Bläue hoher Morgenstunden,
Die ins Weite führen sollten.

Die Schleusen knirschten.
Abenteuer brach aus allen Fernen.
Überm Kanal, den junge Ausfahrtwinde wellten,
Wuchsen helle Bahnen,
In deren Licht ich trieb.
Schicksal stand wartend in umwehten Sternen.
In meinem Herzen lag ein Stürmen
Wie von aufgerollten Fahnen.

Georg Trakl
1887–1914

IM FRÜHLING

Leise sank von dunklen Schritten der Schnee,
Im Schatten des Baums
Heben die rosigen Lider Liebende.

Immer folgt den dunklen Rufen der Schiffer
Stern und Nacht;
Und die Ruder schlagen leise im Takt.

Balde an verfallener Mauer blühen
Die Veilchen,
Ergrünt so stille die Schläfe des Einsamen.

Hugo von Hofmannsthal
1874 — 1929

VORFRÜHLING

Es läuft der Frühlingswind
Durch kahle Alleen,
Seltsame Dinge sind
In seinem Wehn.

Er hat sich gewiegt,
Wo Weinen war,
Und hat sich geschmiegt
In zerrüttetes Haar.

Er schüttelte nieder
Akazienblüten
Und kühlte die Glieder,
Die atmend glühten.

Lippen im Lachen
Hat er berührt,
Die weichen und wachen
Fluren durchspürt.

Er glitt durch die Flöte
Als schluchzender Schrei,
An dämmernder Röte
Flog er vorbei.

Er flog mit Schweigen
Durch flüsternde Zimmer
Und löschte im Neigen
Der Ampel Schimmer.

Es läuft der Frühlingswind
Durch kahle Alleen,
Seltsame Dinge sind
In seinem Wehn.

Durch die glatten
Kahlen Alleen
Treibt sein Wehn
Blasse Schatten.

Und den Duft,
Den er gebracht,
Von wo er gekommen
Seit gestern nacht.

Eduard Mörike
1804–1875

ER ISTS

Frühling läßt sein blaues Band
Wieder flattern durch die Lüfte;
Süße, wohlbekannte Düfte
Streifen ahnungsvoll das Land.
Veilchen träumen schon,
Wollen balde kommen.
– Horch, von fern ein leiser Harfenton!
Frühling, ja du bists!
Dich hab ich vernommen!

Marie Luise Kaschnitz
1901 – 1974

WINDSTOSS

Märzwald. In den kahlen Zweigen
Tiefes Blau, vom Bach gespiegelt.
Wind erhebt sich, rasch entflügelt
Blätter, aufgewirbelt, steigen

Wolke, Woge, Lichtgebilde,
Wipfelhoch emporgetragen,
Raunen, Rauschen, Flirren, Jagen,
Lanzenspitzen, goldne Schilde

Vogelbrüste, rasche Schwingen.
Sanfter dann, im Niederschweben
Noch ein zärtlich Schweifen Singen

Sinken Flüstern auf dem Grunde,
Und in panischer Sekunde
Seufzet und erlischt das Leben.

Georg von der Vring
1889–1968

IM FRÜHLING

Oh Zeit, beend das Schneien!
Die Waldung zu befreien,
Komm lau, komm lind!
Zerlös die Todesflocken
Und lass die Osterglocken
Aufstehn im Wind.

Dann, Zeit, beschließ zu säumen
Und lass den Märzwind räumen,
Der Wälder fegt,
Auf dass ich Sinnes ohne
Spür, wie als Anemone
Der Geist sich regt.

Alljährlich, wie mich meinend,
Trifft er, als Primel scheinend,
Mein Augenlid.
Heut sprech ich: Zeit, versteine!
Ob mir Sein Selbst erscheine,
Das nie wer sieht.

Doch weh! ich müsst auf Erden
Der Jahrzeit ledig werden,
So viel zu schau'n.
Die weißen Flocken stieben,
Geduld noch, bis die lieben
Veilchen uns blau'n.

Gottfried Benn
1886–1956

ANEMONE

Erschütterer –: Anemone,
die Erde ist kalt, ist Nichts,
da murmelt deine Krone
ein Wort des Glaubens, des Lichts.

Die Erde ohne Güte,
der nur die Macht gerät,
ward deine leise Blüte
so schweigend hingesät.

Erschütterer –: Anemone,
du trägst den Glauben, das Licht,
den einst der Sommer als Krone
aus großen Blüten flicht.

Rainer Maria Rilke
1875 – 1926

VORFRÜHLING

Härte schwand. Auf einmal legt sich Schonung
an der Wiesen aufgedecktes Grau.
Kleine Wasser ändern die Betonung.
Zärtlichkeiten, ungenau,

greifen nach der Erde aus dem Raum.
Wege gehen weit ins Land und zeigens.
Unvermutet siehst du seines Steigens
Ausdruck in dem leeren Baum.

Hermann Löns
1866–1914

FRÜHLING

Hoch oben von dem Eichenast
Eine bunte Meise läutet
Ein frohes Lied, ein helles Lied,
Ich weiß auch, was es bedeutet.

Es schmilzt der Schnee, es kommt das Gras,
Die Blumen werden blühen,
Es wird die ganze weite Welt
In Frühlingsfarben glühen.

Die Meise läutet den Frühling ein,
Ich hab es schon lange vernommen,
Er ist zu mir bei Eis und Schnee
Mit Singen und Klingen gekommen.

August Heinrich Hoffmann von Fallersleben
1798–1874

DAS ARME VÖGLEIN

Ein Vogel ruft im Walde,
Ich weiß es wohl, wonach?
Er will ein Häuschen haben,
Ein grünes, laubig Dach.

Er rufet alle Tage,
Und flattert hin und her,
Und in dem ganzen Walde
Hört keiner sein Begehr.

Und endlich hört's der Frühling,
Der Freund der ganzen Welt,
Der gibt dem armen Vöglein
Ein schattig Laubgezelt.

Wer singt im hohen Baume
So froh vom grünen Ast?
Das tut das arme Vöglein
Aus seinem Laubpalast.

Es singet Dank dem Frühling
Für das, was er beschied,
Und singt, so lang er weilet,
Ihm jeden Tag ein Lied.

Theodor Storm
1817–1888

FRÜHLINGSLIED

Zu des Mädchens Wiegenfeste
Und als das Kind geboren ward,
Von dem ich heute singe,
Der Winter schüttelte den Bart:
»Was sind mir das für Dinge!
Wie kommt dies Frühlingsblümelein
In mein bereiftes Haus hinein?
Potz Wunder über Wunder!«

Doch klingeling! Ringsum im Kreis
Bewegt' sich's im geheimen;
Schneeglöckchen hob das Köpfchen weiß,
Maiblümchen stand im Keimen;
Und durch die Lüfte Tag für Tag,
Da ging ein süßer Lerchenschlag
Weit über Feld und Auen.

Herr Winter! greif Er nur zum Stab!
Das sind gar schlimme Dinge:
Sein weißes Kleid wird gar zu knapp,
Sein Ansehn zu geringe! –
Wie übern Berg die Lüfte wehn,
Da merk ich, was das Blümlein schön
Uns Liebliches bedeute.

Nikolaus Lenau
1802—1850

PRIMULA VERIS

1
Liebliche Blume,
Bist du so früh schon
Wiedergekommen?
Sei mir gegrüßet,
Primula veris!

Leiser denn alle
Blumen der Wiese
Hast du geschlummert,
Liebliche Blume,
Primula veris!

Dir nur vernehmbar
Lockte das erste
Sanfte Geflüster
Weckenden Frühlings,
Primula veris!

Mir auch im Herzen
Blühte vor Zeiten
Schöner denn alle
Blumen der Liebe,
Primula veris!

2

Liebliche Blume,
Primula veris!
Holde, dich nenn' ich
Blume des Glaubens.

Gläubig dem ersten
Winke des Himmels
Eilst du entgegen,
Öffnest die Brust ihm.

Frühling ist kommen.
Mögen ihn Fröste,
Trübende Nebel
Wieder verhüllen;

Blume, du glaubst es,
Daß der ersehnte
Göttliche Frühling
Endlich gekommen,

Öffnest die Brust ihm;
Aber es dringen
Lauernde Fröste
Tödlich ins Herz dir.

Mag es verwelken!
Ging doch der Blume
Gläubige Seele
Nimmer verloren!

Theodor Fontane
1819–1898

FRÜHLING

Nun ist er endlich kommen doch
In grünem Knospenschuh;
»Er kam, er kam ja immer noch!«
Die Bäume nicken sich's zu.

Sie konnten ihn all erwarten kaum,
Nun treiben sie Schuß auf Schuß;
Im Garten der alte Apfelbaum:
Er sträubt sich, aber er muß.

Wohl zögert auch das alte Herz
Und atmet noch nicht frei,
Es bangt und sorgt: »Es ist erst März,
Und März ist noch nicht Mai.«

Oh, schüttle ab den schweren Traum
Und die lange Winterruh,
Es wagt es der alte Apfelbaum,
Herze, wag's auch *du*!

Detlev von Liliencron
1844–1909

MÄRZTAG

Wolkenschatten fliehen über Felder,
Blau umdunstet stehen ferne Wälder.

Kraniche, die hoch die Luft durchpflügen,
Kommen schreiend an in Wanderzügen.

Lerchen steigen schon in lauten Schwärmen,
Überall ein erstes Frühlingslärmen.

Lustig flattern, Mädchen, deine Bänder,
Kurzes Glück träumt durch die weiten Länder.

Kurzes Glück schwamm mit den Wolkenmassen,
Wollt' es halten, mußt' es schwimmen lassen.

Christian Morgenstern
1871 – 1914

DIE WEIDENKÄTZCHEN

Kätzchen ihr der Weide,
wie aus grauer Seide,
wie aus grauem Samt!
O ihr Silberkätzchen,
sagt mir doch, ihr Schätzchen,
sagt, woher ihr stammt.

»Wollens gern dir sagen:
Wir sind ausgeschlagen
aus dem Weidenbaum,
haben winterüber
drin geschlafen, Lieber,
in tieftiefem Traum.«

In dem dürren Baume
in tieftiefem Traume
habt geschlafen ihr?
In dem Holz, dem harten,
war, ihr weichen, zarten,
euer Nachtquartier?

»Mußt dich recht besinnen:
Was da träumte drinnen,
waren wir noch nicht,
wie wir jetzt im Kleide
blühn von Samt und Seide
hell im Sonnenlicht.

Nur als wie Gedanken
lagen wir im schlanken
grauen Baumgeäst;
unsichtbare Geister,
die der Weltbaumeister
dort verweilen läßt.«

Kätzchen ihr der Weide,
wie aus grauer Seide,
wie aus grauem Samt!
O ihr Silberkätzchen,
ja, nun weiß, ihr Schätzchen,
ich, woher ihr stammt.

Rainer Maria Rilke
1875–1926

FRÜHLING IST WIEDERGEKOMMEN

Frühling ist wiedergekommen. Die Erde
ist wie ein Kind, das Gedichte weiß;
viele, o viele ... Für die Beschwerde
langen Lernens bekommt sie den Preis.

Streng war ihr Lehrer. Wir mochten das Weiße
an dem Barte des alten Manns.
Nun, wie das Grüne, das Blaue heiße,
dürfen wir fragen: sie kann's, sie kann's!

Erde, die frei hat, du glückliche, spiele
nun mit den Kindern. Wir wollen dich fangen,
fröhliche Erde. Dem Frohsten gelingt's.

Oh, was der Lehrer sie lehrte, das viele,
und was gedruckt steht in Wurzeln und langen
schwierigen Stämmen: sie singt's, sie singt's.

Christian Morgenstern
1871 – 1914

VORFRÜHLING

Die blätterlosen Pappeln stehn so fein,
so schlank, so herb am abendfahlen Zelt.
Die Amseln jubeln wild und bergquellrein,
und wunderlich in Ahnung ruht die Welt.

Gespenstische Gewölke, schwer und feucht,
zerschatten den noch ungesternten Raum
und übergraun, im sinkenden Geleucht,
Gebirg und Grund, ein krauser, trunkner Traum ...

SIEHE, AUCH ICH – LEBE

Also ihr lebt noch, alle, alle, ihr,
am Bach ihr Weiden und am Hang ihr Birken,
und fangt von neuem an, euch auszuwirken,
und wart so lang nur Schlummernde, gleich – mir.

Siehe, du Blume hier, du Vogel dort,
sieh, wie auch ich von neuem mich erhebe ...
Voll innern Jubels treib ich Wort auf Wort ...
Siehe, auch ich, ich schien nur tot. Ich lebe!

Johann Wolfgang von Goethe
1749—1832

FRÜHZEITIGER FRÜHLING

Tage der Wonne,
Kommt ihr so bald?
Schenkt mir die Sonne,
Hügel und Wald?

Reichlicher fließen
Bächlein zumal.
Sind es die Wiesen?
Ist es das Tal?

Blauliche Frische!
Himmel und Höh!
Goldene Fische
Wimmeln im See.

Buntes Gefieder
Rauschet im Hain;
Himmlische Lieder
Schallen darein.

Unter des Grünen
Blühender Kraft
Naschen die Bienen
Summend am Saft.

Leise Bewegung
Bebt in der Luft,
Reizende Regung,
Schläfernder Duft.

Mächtiger rühret
Bald sich ein Hauch,
Doch er verlieret
Gleich sich im Strauch.

Aber zum Busen
Kehrt er zurück.
Helfet, ihr Musen,
Tragen das Glück!

Saget, seit gestern
Wie mir geschah?
Liebliche Schwestern,
Liebchen ist da!

Johann Wolfgang von Goethe
1749–1832

EIN GROSSER TEICH WAR ZUGEFROREN

Ein großer Teich war zugefroren;
Die Fröschlein, in der Tiefe verloren,
Durften nicht ferner quaken noch springen,
Versprachen sich aber, im halben Traum:
Fänden sie nur da oben Raum,
Wie Nachtigallen wollten sie singen.
Der Tauwind kam, das Eis zerschmolz,
Nun ruderten sie und landeten stolz
Und saßen am Ufer weit und breit
Und quakten wie vor alter Zeit.

Paula Ludwig
1900—1974

An den Frühlingssturm

Jäh erwachte wild brausender Sturm.
Schüttelt und rüttelt an Haus und Turm.
Tobt und dräut im tiefen Erbeben;
Rast, als wollte er Welten entheben.
Stampft und heult und pfeift ohne Halten,
Junger, überdrangvoller Gewalten! –
Wie die nachtschwarzen Wolken ragen,
Wie sie sich ballen, wälzen und jagen!
Wie durch den Knäuel das Mondenlicht
Silberhell flutende Bahnen bricht! –
Schönes, herrlich aufbrechendes Sein!
Klingt in das Brausen mein Jauchzen hinein!
Grüßend dich zu zwingender Wilde!
Stürme dahin übers brache Gefilde,
Wühle sie auf, die starrende Flur,
Wecke die wintertote Natur!
Rüttle und schüttle an Haus und Turm
Junger, wildsiegender Frühlingssturm!

Theodor Fontane
1819–1898

FRÜHLINGSLIEDER

I
Der Frühling hat des Winters Kette
Gelöst nach altem, guten Brauch;
O daß er doch zerbrochen hätte
Die Ketten unsrer Freiheit auch.

Er nahm das weiße Totenlinnen,
Das die gestorbne Erde trug,
Und sieht die Fürsten weiter spinnen
An unsrer Freiheit Leichentuch.

Wird nie der Lenz der Freiheit kommen?
Und werden immer Schnee und Eis
Und nimmer Ketten uns genommen?
Es seufzt mein Herz: Wer weiß, wer weiß?!

2

Der Frühling kam, der Weltbefreier,
Die Erde lebt und grünt und blüht,
Am Himmel keine Wolkenschleier,
Und ohne Wolken das Gemüt.

Die Vögel und die Menschen singen,
Und wie die Lerche himmelwärts,
Will sich empor zur Gottheit schwingen
Im Dankgebet das Menschenherz.

O Herz! es brach die Frühlingssonne
Des Winters Ketten wohl entzwei,
Wohl ziemt der Erde Dank und Wonne;
Doch bist auch du von Ketten frei?

Georg von der Vring
1889–1968

VOR OSTERN

Der volle Mond rollt übern Berg,
Ich hab es wohl gesehen,
Auch sah ich einen Baum als Zwerg
Weit in der Ebene stehen.

Die Nacht im März ist klar und kalt.
Viel Gräser müssen frieren.
Ach möchten doch die Veilchen bald
Das junge Gras verzieren,

Dass ich vor Tag und wo ich steh
Am Zaun viel blaue Nester seh
Und Laub, sie zu umhüllen,
Und Küsse, die sie füllen.

Johann Wilhelm Ludwig Gleim
1719—1803

DAS VEILCHEN

> So lieb, so klein,
> So schön, so rein,
> Lieb Veilchen auf der Heide!
> Lieb Veilchen, du die kleinste Zier
> Der Mutter Erde, du bist mir,
> Bist m i r die größte Freude!

> Du stehst nicht stolz
> Auf Dornenholz,
> Wie dort die stolze Rose:
> Du bist bescheiden, Blümchen, du,
> Und winkst mir deine Liebe zu,
> Wie meine kleine Lose!

> Lieb Veilchen, ich,
> Ich lieb' auch dich,
> Wie meine lieben Musen:
> Komm mit mir, Veilchen, komm, erwirb
> Der kleinen Losen Lieb' und stirb
> Verliebt an ihrem Busen!

Hermann Hesse
1877−1962

Wind im Gesträuch und Vogelpfiff
Und hoch im höchsten süßen Blau
Ein stilles, stolzes Wolkenschiff...
Ich träume von einer blonden Frau,
Ich träume von meiner Jugendzeit,
Der hohe Himmel blau und weit
Ist meiner Sehnsucht Wiege,
Darin ich stillgesinnt
Und selig warm
Mit leisem Summen liege,
So wie in seiner Mutter Arm
Ein Kind.

Georg Heym
1887–1912

APRIL

Das erste Grün der Saat, von Regen feucht,
Zieht weit sich hin an niedrer Hügel Flucht.
Zwei große Krähen flattern aufgescheucht
Zu braunem Dorngebüsch in grüner Schlucht.

Wie auf der stillen See ein Wölkchen steht,
So ruhn die Berge hinten in dem Blau,
Auf die ein feiner Regen niedergeht,
Wie Silberschleier, dünn und zitternd grau.

Johann Heinrich Voß
1751—1826

FRÜHLINGSLIEBE

Die Lerche sang, die Sonne schien,
Es färbte sich die Wiese grün,
Und braun geschwollne Keime
Verschönten Büsch' und Bäume:
Da pflückt' ich am bedornten See
Zum Strauß ihr, unter spätem Schnee,
Blau, roth und weißen Güldenklee.
Das Mägdlein nahm des Busens Zier,
Und nickte freundlich Dank dafür.

Nur einzeln grünten noch im Hain
Die Buchen und die jungen Main;
Und Kresse wankt' in hellen
Umblümten Wiesenquellen:
Auf kühlem Moose, weich und prall,
Am Buchbaum, horchten wir dem Schall
Des Quelles und der Nachtigall.
Sie pflückte Moos, wo wir geruht,
Und kränzte sich den Schäferhut.

Wir gingen athmend, Arm in Arm,
Am Frühlingsabend, still und warm,
Im Schatten grüner Schlehen
Uns Veilchen zu erspähen:
Roth schien der Himmel und das Meer;
Auf einmal stralte, groß und hehr,
Der liebe volle Mond daher.
Das Mägdlein stand und ging und stand,
Und drückte sprachlos mir die Hand.

Rothwangig, leichtgekleidet saß
Sie neben mir auf Klee und Gras,
Wo ringsum helle Blüten
Der Apfelbäume glühten:
Ich schwieg; das Zittern meiner Hand,
Und mein bethränter Blick gestand
Dem Mägdlein, was mein Herz empfand.
Sie schwieg, und aller Wonn' Erguß
Durchströmt' uns beid' im ersten Kuß.

Novalis
1772−1801

ES FÄRBTE SICH DIE WIESE GRÜN

Es färbte sich die Wiese grün
Und um die Hecken sah ich blühn,
Tagtäglich sah ich neue Kräuter,
Mild war die Luft, der Himmel heiter.
Ich wußte nicht, wie mir geschah,
Und wie das wurde, was ich sah.

Und immer dunkler ward der Wald
Auch bunter Sänger Aufenthalt,
Es drang mir bald auf allen Wegen
Ihr Klang in süßen Duft entgegen.
Ich wußte nicht, wie mir geschah,
Und wie das wurde, was ich sah.

Es quoll und trieb nun überall
Mit Leben, Farben, Duft und Schall,
Sie schienen gern sich zu vereinen,
Daß alles möchte lieblich scheinen.
Ich wußte nicht, wie mir geschah,
Und wie das wurde, was ich sah.

So dacht ich: ist ein Geist erwacht,
Der alles so lebendig macht
Und der mit tausend schönen Waaren
Und Blüthen sich will offenbaren?
Ich wußte nicht, wie mir geschah,
Und wie das wurde, was ich sah.

Vielleicht beginnt ein neues Reich –
Der lockre Staub wird zum Gesträuch
Der Baum nimmt thierische Gebehrden
Das Thier soll gar zum Menschen werden.
Ich wußte nicht, wie mir geschah,
Und wie das wurde, was ich sah.

Wie ich so stand und bey mir sann,
Ein mächtger Trieb in mir begann.
Ein freundlich Mädchen kam gegangen
Und nahm mir jeden Sinn gefangen.
Ich wußte nicht, wie mir geschah,
Und wie das wurde, was ich sah.

Sie gieng vorbey; ich grüßte sie,
Sie dankte, das vergeß ich nie –
Ich mußte ihre Hand erfassen
Und Sie schien gern sie mir zu lassen.
Ich wußte nicht, wie mir geschah,
Und wie das wurde, was ich sah.

Uns barg der Wald vor Sonnenschein.
Das ist der Frühling fiel mir ein.
Kurz um, ich sah, daß jezt auf Erden
Die Menschen sollten Götter werden.
Nun wußt ich wohl, wie mir geschah
Und wie das wurde was ich sah.

Friedrich Hölderlin
1770—1843

DER FRÜHLING

Wenn auf Gefilden neues Entzücken keimt
Und sich die Ansicht wieder verschönt und sich
An Bergen, wo die Bäume grünen,
Hellere Lüfte, Gewölke zeigen,

O! welche Freude haben die Menschen! froh
Gehn an Gestaden Einsame, Ruh und Lust
Und Wonne der Gesundheit blühet,
Freundliches Lachen ist auch nicht ferne.

II

Die linden Lüfte sind erwacht

Die Welt wird schöner mit jedem Tag,
Man weiß nicht, was noch werden mag,
Das Blühen will nicht enden.
Es blüht das fernste, tiefste Tal:
Nun armes Herz, vergiß der Qual!
Nun muß sich alles, alles wenden.

Ludwig Uhland

Mascha Kaléko
1907−1975

NENNEN WIR ES »FRÜHLINGSLIED«

In das Dunkel dieser alten, kalten
Tage fällt das erste Sonnenlicht.
Und mein dummes Herz blüht auf, als wüßt es nicht:
Auch der schönste Frühling kann nicht halten,
Was der werdende April verspricht.

Da, die Amseln üben schon im Chor,
Aus der Nacht erwacht die Welt zum Leben,
Pans vergessenen Flötenton im Ohr . . .
Veilchen tun, als hätt' es nie zuvor
Laue Luft und blauen Duft gegeben.

Die Kastanien zünden feierlich
Ihre weißen Kerzen an. Der Flieder
Bringt die totgesagten Jahre wieder,
Und es ist, als reimten alle Lieder
Sich wie damals auf »Ich liebe dich«.

− Sag mir nicht, das sei nur Schall und Rauch!
Denn wer glaubt, der forscht nicht nach Beweisen.
Willig füg ich mich dem alten Brauch,
Ist der Zug der Zeit auch am Entgleisen −
Und wie einst, in diesem Frühjahr auch
Geht mein wintermüdes Herz auf Reisen.

Johann Anton Friedrich Reil
1773 – 1843

Das Lied im Grünen

Ins Grüne, ins Grüne, da lockt uns der Frühling,
Der liebliche Knabe,
Und führt uns am blumenumwundenen Stabe
Hinaus, wo die Lerchen und Amseln so wach,
In Wälder, auf Felder, auf Hügel zum Bach,
Ins Grüne, ins Grüne.

Im Grünen, im Grünen, da lebt es sich wonnig,
Da wandeln wir gerne
Und heften die Augen dahin schon von ferne,
Und wie wir so wandeln mit heiterer Brust,
Umwallet uns immer die kindliche Lust,
Im Grünen, im Grünen.

Im Grünen, im Grünen, da ruht man so wohl,
Empfindet so Schönes,
Und denket behaglich an dieses und jenes,
Und zaubert von hinnen, ach, was uns bedrückt,
Und alles herbei, was den Busen entzückt
Im Grünen, im Grünen.

Im Grünen, im Grünen, da werden die Sterne
So klar, die die Weisen
Der Vorwelt zur Leitung des Lebens uns preisen,
Da streichen die Wölkchen so zart uns dahin,
Da heitern die Herzen, da klärt sich der Sinn
Im Grünen, im Grünen.

Im Grünen, im Grünen, da wurde manch Plänchen
Auf Flügeln getragen,
Die Zukunft der grämlichen Ansicht entschlagen,
Da stärkt sich das Auge, da labt sich der Blick,
Sanft wiegen die Wünsche sich hin und zurück
Im Grünen, im Grünen.

Im Grünen, im Grünen am Morgen, am Abend
In traulicher Stille
Entkeimet manch Liedchen und manche Idylle
Und Hymen oft kränzt den poetischen Scherz,
Denn leicht ist die Lockung, empfänglich das Herz
Im Grünen, im Grünen.

Wilhelm Busch
1832—1908

Wie liegt die Welt so frisch und tauig
Vor mir im Morgensonnenschein.
Entzückt vom hohen Hügel schau ich
Ins frühlingsgrüne Tal hinein.

Mit allen Kreaturen bin ich
In schönster Seelenharmonie.
Wir sind verwandt, ich fühl es innig,
Und eben darum lieb ich sie.

Und wird auch mal der Himmel grauer;
Wer voll Vertraun die Welt besieht,
Den freut es, wenn ein Regenschauer
Mit Sturm und Blitz vorüberzieht.

Ludwig Uhland
1787—1862

FRÜHLINGSGLAUBE

Die linden Lüfte sind erwacht,
Sie säuseln und weben Tag und Nacht,
Sie schaffen an allen Enden.
O frischer Duft, o neuer Klang!
Nun, armes Herze, sei nicht bang!
Nun muß sich alles, alles wenden.

Die Welt wird schöner mit jedem Tag,
Man weiß nicht, was noch werden mag,
Das Blühen will nicht enden.
Es blüht das fernste, tiefste Tal:
Nun, armes Herz, vergiß der Qual!
Nun muß sich alles, alles wenden.

Friedrich Wilhelm August Schmidt
1764–1838

FRÜHLINGS-LIED

Die liebe warme Sonne saugt
Das Lindenblatt heraus;
Vom Weste lieblich angehaucht
Kriecht jedes Veilchen aus.
Der Kalmus sproßt am Weidendamm,
Wie Wasserlilj' im Teich!
Der Laubfrosch hüpft am Elsenstamm,
Die Kröt' im grünen Steig.

Im Grünen schwärmt der Schmetterling
Vergnügt um Kalb und Kuh,
Und klappt, auf Kirschenblüten, flink
Die Flüglein auf und zu.
Der Sperling mit dem Liebchen thut
So traulich, so geheim,
Und pickt dabey sich wohlgemuth
Der Erbse zarten Keim.

Der Himmel rings so frei und hell,
Im Strauch das Vögelein,
Die Blüt' im Wald, die Blüt' am Quell
O Mensch ist alles dein.
Hinaus, hinaus aus Stub' und Stadt
Was hören kann, und sehn,
Und fühlend Herz im Busen hat;
Der Lenz ist ja so schön!

Bertolt Brecht
1898—1956

DAS FRÜHJAHR

1
Das Frühjahr kommt.
Das Spiel der Geschlechter erneuert sich
Die Liebenden finden sich zusammen.
Schon die sacht umfassende Hand des Geliebten
Macht die Brust des Mädchens erschauern.
Ihr flüchtiger Blick verführt ihn.

2
In neuem Lichte
Erscheint die Landschaft den Liebenden im Frühjahr.
In großer Höhe werden die ersten
Schwärme der Vögel gesichtet.
Die Luft ist schon warm.
Die Tage werden lang und die
Wiesen bleiben lang hell.

3
Maßlos ist das Wachstum der Bäume und Gräser
Im Frühjahr.
Ohne Unterlaß fruchtbar
Ist der Wald, sind die Wiesen, die Felder.
Und es gebiert die Erde das Neue
Ohne Vorsicht.

Nikolaus Lenau
1802–1850

LENZ

Die Bäume blühn,
Die Vöglein singen,
Die Wiesen bringen
Ihr erstes Grün.

Schier tut's mir leid,
Zu treten die Erden
Und ihr zu gefährden
Ihr neues Kleid.

Sie hat nicht acht,
Ob Knospenspringen
Und Frühlingssingen
Mich traurig macht.

Eduard Mörike
1804–1875

IM FRÜHLING

Hier lieg ich auf dem Frühlingshügel:
Die Wolke wird mein Flügel,
Ein Vogel fliegt mir voraus.
Ach, sag mir, alleinzige Liebe,
Wo du bleibst, daß ich bei dir bliebe!
Doch du und die Lüfte, ihr habt kein Haus.

Der Sonnenblume gleich steht mein Gemüte offen,
Sehnend,
Sich dehnend
In Lieben und Hoffen.
Frühling, was bist du gewillt?
Wann werd ich gestillt?

Die Wolke seh ich wandeln und den Fluß,
Es dringt der Sonne goldner Kuß
Mir tief bis ins Geblüt hinein;
Die Augen, wunderbar berauschet,
Tun, als schliefen sie ein,
Nur noch das Ohr dem Ton der Biene lauschet.

Ich denke dies und denke das,
Ich sehne mich und weiß nicht recht, nach was:
Halb ist es Lust, halb ist es Klage;
Mein Herz, o sage,
Was webst du für Erinnerung
In golden grüner Zweige Dämmerung!
Alte unnennbare Tage!

Nikolaus Lenau
1802–1850

FRÜHLINGSGEDRÄNGE

Frühlingskinder im bunten Gedränge,
Flatternde Blüten, duftende Hauche,
Schmachtende, jubelnde Liebesgesänge
Stürzen ans Herz mir aus jedem Strauche.
Frühlingskinder mein Herz umschwärmen,
Flüstern hinein mit schmeichelnden Worten,
Rufen hinein mit trunkenem Lärmen,
Rütteln an längst verschlossenen Pforten.
Frühlingskinder, mein Herz umringend,
Was doch sucht ihr darin so dringend?
Hab' ich's verraten euch jüngst im Traume,
Schlummernd unter dem Blütenbaume?
Brachten euch Morgenwinde die Sage,
Daß ich im Herzen eingeschlossen
Euren lieblichen Spielgenossen,
Heimlich und selig – ihr Bildnis trage?

Rainer Maria Rilke
1875–1926

AUS EINEM APRIL

Wieder duftet der Wald.
Es heben die schwebenden Lerchen
mit sich den Himmel empor, der unseren Schultern
                                          schwer war;
zwar sah man noch durch die Äste den Tag,
wie er leer war, –
aber nach langen, regnenden Nachmittagen
kommen die goldübersonnten
neueren Stunden,
vor denen flüchtend an fernen Häuserfronten
alle die wunden
Fenster furchtsam mit Flügeln schlagen.

Dann wird es still. Sogar der Regen geht leiser
über der Steine ruhig dunkelnden Glanz.
Alle Geräusche ducken sich ganz
in die glänzenden Knospen der Reiser.

Johann Wolfgang von Goethe
1749—1832

MIT EINER HYAZINTHE

Aus dem Zaubertal dortnieden,
Das der Regen still umtrübt,
Aus dem Taumel der Gewässer
Sendet Blume, Gruß und Frieden,
Der dich immer treu und besser,
Als du glauben magst, geliebt.

Diese Blume, die ich pflücke,
Neben mir vom Tau genährt,
Läßt die Mutter still zurücke,
Die sich in sich selbst vermehrt.
Lang entblättert und verborgen,
Mit den Kindern, an der Brust,
Wird am neuen Frühlingsmorgen
Vielfach sie des Gärtners Lust.

Johann Wolfgang von Goethe
1749–1832

Das Beet, schon lockert
Sichs in die Höh,
Da wanken Glöckchen
So weiß wie Schnee;
Safran entfaltet
Gewaltge Glut,
Smaragden keimt es
Und keimt wie Blut.
Primeln stolzieren
So naseweis,
Schalkhafte Veilchen,
Versteckt mit Fleiß;
Was auch noch alles
Da regt und webt,
Genug, der Frühling,
Er wirkt und lebt.

Doch was im Garten
Am reichsten blüht,
Das ist des Liebchens
Lieblich Gemüt.
Da glühen Blicke
Mir immerfort,
Erregend Liedchen,
Erheiternd Wort;
Ein immer offen,
Ein Blütenherz,
Im Ernste freundlich
Und rein im Scherz.
Wenn Ros und Lilie
Der Sommer bringt,
Er doch vergebens
Mit Liebchen ringt.

Manfred Hausmann
1898–1986

MEISEN

Am Spalier, wo die Glyzinen hängen,
jagen sich zwei blaue Meisen,
steigen, fallen, drehen sich mit leisen,
hastigen Gesängen.

Tupft ein Flügel eben an die Dolden,
die im Tau des Morgens schwimmen,
schauern gleich die Tropfen ab und glimmen
lichtdurchirrt und golden.

Und die Meisen flattern in den Güssen,
jetzt sich hassend, jetzt sich segnend,
jetzt mit schrillen Rufen sich begegnend,
jetzt mit kleinen Küssen.

Plötzlich lösen sie sich aus den Ranken,
gleiten selig in den feuchten
Sonnenmorgen und vergehn im Leuchten
flüchtig wie Gedanken.

Christian Morgenstern
1871–1914

GALGENBRUDERS FRÜHLINGSLIED

Es lenzet auch auf unserm Spahn,
o selige Epoche!
Ein Hälmlein will zum Lichte nahn
aus einem Astwurmloche.

Es schaukelt bald im Winde hin
und schaukelt bald drin her.
Mir ist beinah, ich wäre wer,
der ich doch nicht mehr bin ...

Hermann Hesse
1877−1962

FRÜHLING

Wieder schreitet er den braunen Pfad
Von den stürmeklaren Bergen nieder,
Wieder quellen, wo der Schöne naht,
Liebe Blumen auf und Vogellieder.

Wieder auch verführt er meinen Sinn,
Dass in dieser zart erblühten Reine
Mir die Erde, deren Gast ich bin,
Eigentum und holde Heimat scheine.

Theodor Körner
1791–1813

AN DEN FRÜHLING

Frühling, ich grüße dich!
Frühling, umschließe mich
Mit deinem jungen aufkeimenden Leben,
Mit deinem Hoffen und deinem Streben!
   Wie das Leben sich regt in deinen Keimen,
   Und freudig, wie deine Blumen blühn,
   So ist es auch Frühling in meinen Träumen,
   So wird auch mein Herz wieder jung und grün.

Aber der Blüten stille Keime
   Und der Blätter lebendiges Grün,
Es sind vergängliche schöne Träume,
   Die beim Erwachen schnell entfliehn.
Kommt nicht der traurige Winter wieder?
Ach, dann schweigen der Nachtigall Lieder,
   Und in das weit offne, kalte Grab
   Sinkt seufzend das blühende Leben hinab.

Aber was kümmern mich künftige Schmerzen,
   Und daß sie vergänglich ist, diese Luft?
Bleibt es doch Frühling in meinem Herzen,
   Bleibt es doch Frühling in meiner Brust.

Georg Trakl
1887–1914

WUNDERLICHER FRÜHLING

Wohl um die tiefe Mittagszeit,
Lag ich auf einem alten Stein,
Vor mir in wunderlichem Kleid
Standen drei Engel im Sonnenschein.

O ahnungsvolles Frühlingsjahr!
Im Acker schmolz der letzte Schnee,
Und zitternd hing der Birke Haar
In den kalten, klaren See.

Vom Himmel wehte ein blaues Band,
Und schön floß eine Wolke herein,
Der lag ich träumend zugewandt –
Die Engel knieten im Sonnenschein.

Laut sang ein Vogel Wundermär,
Und konnt mit einmal ihn verstehn:
Eh' noch gestillt dein erst' Begehr,
Mußt sterben gehn, mußt sterben gehn!

Heinrich Heine
1797–1856

HERZ, MEIN HERZ, SEI NICHT BEKLOMMEN

Herz, mein Herz, sei nicht beklommen
Und ertrage dein Geschick.
Neuer Frühling gibt zurück
Was der Winter dir genommen.

Und wieviel ist dir geblieben!
Und wie schön ist noch die Welt!
Und, mein Herz, was dir gefällt,
Alles, alles darfst du lieben!

Adelbert von Chamisso
1781 – 1838

FRÜHLINGSLIED

Wohl war der Winter ein harter Gast,
Den armen, den trauernden Vögeln verhaßt,
    Die fröhlich wieder nun singen;
Aus blauer Luft, auf grüner Flur,
    Wie hört man's munter erklingen!

Und als sich der Wald aufs neue belaubt,
Da hat es mir nicht zu weilen erlaubt,
    Ich mußte hinaus und wandern;
Es singen so lustig die Vögel umher,
    Ich singe mein Lied wie die andern.

Und komm ich ans Wirtshaus, so kehr' ich ein:
Frau Wirtin, Frau Wirtin ein gut Glas Wein!
    Ich habe mich durstig gesungen.
Da kommt mit dem Weine die Tochter sogleich
    So munter zu mir gesprungen.

Der Wein, den du schenkest, er ist fürwahr
So rot wie dein Mund, wie dein Auge so klar,
    Gar kräftig und lieblich zu schlürfen;
Und darf ich dich ansehn und trinken den Wein,
    So werd' ich wohl singen auch dürfen.

Ich habe soeben ein Lied mir erdacht
Und hab' es für dich ganz eigens gemacht,
   Hab's nimmer zuvor noch gesungen;
So höre mir zu, du rosige Maid,
   Und sprich, ob's gut mir gelungen?

Ich liebe den Frühling, des Waldes Grün,
Der Vögel Gesang, der Bienen Bemühn,
   Der Blumen Farben und Düfte,
Den Strahl der Sonne, des Himmels Blau,
   Den Hauch der wärmeren Lüfte.

Sieh dort am Tor, was die Schwalben tun,
Wie emsig sie fliegen, sie werden nicht ruhn,
   Bis fertig ihr Nestchen sie schauen;
Ich sang, wie die Vögel, mein munteres Lied,
   Vergaß, ein Nest mir zu bauen.

Ich liebe, die frischer als Waldesgrün,
Noch emsiger schafft als sich Bienen bemühn,
   Vor der die Rosen sich neigen,
Deren Blick mich erwärmt wie der Sonne Strahl,
   Daß Lieder dem Busen entsteigen.

Ich habe gesungen, was sagest du nun?
Sieh dort am Tor, was die Schwalben tun!
    Was sollt' es uns nicht gelingen?
Frau Wirtin, Frau Mutter, Sie kommt eben recht,
    Sie soll noch Ihr Amen uns singen.

Paula Ludwig
1900—1974

FRÜHLING

Wehe nicht so sehr, Wind!
Ich trage Zartes in meinen Händen.
Warum stehen die Häuser
so sicher in den Tag hinein –
Und Stimmen werden laut,
die riefen nach niemand mehr.

Und ist es nicht,
als schrie im Baum voll Blüten
ein Vogel auf und fällt,
betäubt vom Duft und bang vor so viel Süße ...

Paula Ludwig
1900—1974

BLÜHENDES MANDELBÄUMCHEN

Blühendes Mandelbäumchen
zart begannst du mit deinen Knospen
meine dunkle Wohnung aufzuhellen
aber nun schäumst du so in Weiß
daß der ganze Raum verhaltenen Atems ist
bang
vor dem ersten sinkenden Blütenblatt.

Hilde Domin
1909–2006

APRIL

Die Welt riecht süß
nach Gestern.
Düfte sind dauerhaft.

Du öffnest das Fenster.
Alle Frühlinge
kommen herein mit diesem.

Frühling der mehr ist
als grüne Blätter.
Ein Kuß birgt alle Küsse.

Immer dieser glänzend glatte
Himmel über der Stadt,
in den die Straßen fließen.

Du weißt, der Winter
und der Schmerz
sind nichts, was umbringt.

Die Luft riecht heute süß
nach Gestern –
das süß nach Heute roch.

Eduard Mörike
1804—1875

Das Mädchen an den Mai

Es ist doch im April fürwahr
Der Frühling weder halb noch gar;
Komm, Rosenbringer, süßer Mai,
Komm du herbei,
So weiß ich, was der Frühling sei!
– Wie aber? soll die erste Gartenpracht,
Narzissen, Primeln, Hyazinthen,
Die kaum die hellen Augen aufgemacht,
Schon welken und verschwinden?
Und mit euch besonders, holde Veilchen,
Wär es dann fürs ganze Jahr vorbei?
Lieber, lieber Mai,
Ach, so warte noch ein kleines Weilchen!

Simon Dach
1605—1659

FRÜHLINGSGEDANKEN

Es ist, gewünschter Frühling, wahr,
Dein Reichtum krönt das ganze Jahr,
Du bist die Lust der Zeiten,
Dein Fußstapf wäscht in Öle sich,
Dein Kleid kann mehr als königlich
Feld, Berg und Tal bespreiten.

Kein Morpheus ist so mannigfalt
Als du in tausend Lustgestalt,
Du lächelst durch die Sonne,
Durch dich ergetzt sich Mensch und Tier,
Du bist der Glieder neue Zier
Und aller Herzen Wonne.

Du bist das Leben in dem Meer,
Du singest auf den Zweigen her,
Du wehest in den Lüften,
Du regst der Bäch und Quellen Flut
Und bist das unerschöpfte Gut
Tief in der Erden Klüften.

Wohlan, sei liebreich als du tust,
Erfüll der Menschen Sinn mit Lust,
Das Feld mit schönen Gaben,
Sei aller Dinge Gnüg und Schein,
Die ganze Jahrzeit such allein
Zum Freunde dich zu haben.

Du gleichest doch bei weitem nicht
Dem ewig schönen Vorjahrslicht
Nach diesem schnöden Leben:
Wir lassen sämtlich deine Zier
Samt aller Welt, so bald als wir
Von hinnen uns begeben.

Georg Trakl
1887–1914

FRÜHLING DER SEELE

Blumen blau und weiß verstreut
Streben heiter auf im Grund.
Silbern webt die Abendstund',
Laue Öde, Einsamkeit.

Leben blüht nun voll Gefahr,
Süße Ruh um Kreuz und Grab.
Eine Glocke läutet ab.
Alles scheinet wunderbar.

Weide sanft im Äther schwebt,
Hier und dort ein flackernd Licht.
Frühling flüstert und verspricht
Und der feuchte Efeu bebt.

Saftig grünen Brot und Wein,
Orgel tönt voll Wunderkraft;
Und um Kreuz und Leidenschaft
Glänzt ein geisterhafter Schein.

O! Wie schön sind diese Tag'.
Kinder durch die Dämmerung gehn;
Blauer schon die Winde wehn.
Ferne spottet Drosselschlag.

Rainer Maria Rilke
1875–1926

Die Nacht der Frühlingswende

(Capri, 1907)
Ein Netz von raschen Schattenmaschen schleift
über aus Mond gemachte Gartenwege,
als ob Gefangenes sich drinnen rege,
das ein Entfernter groß zusammengreift.

Gefangner Duft, der widerstrebend bleibt.
Doch plötzlich ists, als risse eine Welle
das Netz entzwei an einer hellen Stelle,
und alles fließt dahin und flieht und treibt . . .

Noch einmal blättert, den wir lange kannten,
der weite Nachtwind in den harten Bäumen;
doch drüber stehen, stark und diamanten,
in tiefen feierlichen Zwischenräumen
die großen Sterne einer Frühlingsnacht.

Else Lasker-Schüler
1869—1945

FRÜHLING

Wir wollen wie der Mondenschein
Die stille Frühlingsnacht durchwachen,
Wir wollen wie zwei Kinder sein.
Du hüllst mich in dein Leben ein
Und lehrst mich so wie du zu lachen.

Ich sehnte mich nach Mutterlieb
Und Vaterwort und Frühlingsspielen,
Den Fluch, der mich durchs Leben trieb,
Begann ich, da er bei mir blieb,
Wie einen treuen Feind zu lieben.

Nun blühn die Bäume seidenfein
Und Liebe duftet von den Zweigen.
Du mußt mir Mutter und Vater sein
Und Frühlingsspiel und Schätzelein
Und ganz mein eigen.

Barthold Hinrich Brockes
1680–1747

KIRSCHBLÜTE BEI DER NACHT

Ich sahe mit betrachtendem Gemüte
Jüngst einen Kirschbaum, welcher blühte,
In kühler Nacht beim Mondenschein;
Ich glaubt, es könne nichts von größrer Weiße sein.
Es schien, als wär ein Schnee gefallen;
Ein jeder, auch der kleinste Ast,
Trug gleichsam eine rechte Last
Von zierlich weißen runden Ballen.
Es ist kein Schwan so weiß, da nämlich jedes Blatt,
Indem daselbst des Mondes sanftes Licht
Selbst durch die zarten Blätter bricht,
Sogar den Schatten weiß und sonder Schwärze hat.
Unmöglich, dacht ich, kann auf Erden
Was Weißres aufgefunden werden.

Indem ich nun bald hin, bald her
Im Schatten dieses Baumes gehe,
Sah ich von ungefähr
Durch alle Blumen in die Höhe
Und ward noch einen weißern Schein,
Der tausendmal so weiß, der tausendmal so klar,
Fast halb darob erstaunt, gewahr.
Der Blüte Schnee schien schwarz zu sein
Bei diesem weißen Glanz. Es fiel mir ins Gesicht
Von einem hellen Stern ein weißes Licht,
Das mir recht in die Seele strahlte.

Wie sehr ich mich an Gott im Irdischen ergötze,
Dacht ich, hat er dennoch weit größre Schätze.
Die größte Schönheit dieser Erden
Kann mit der himmlischen doch nicht verglichen
                                    werden.

III

UND DAS GROSSE AUFERSTEHEN KÜNDET SICH ALLÜBERALL!

Frühlingslüfte! lindes Wehen!
Über Wolken Lerchenschall!
Und das große Auferstehen
Kündet sich allüberall!

Friedrich Gottlob Wetzel

Eduard Mörike
1804–1875

KARWOCHE

O Woche, Zeugin heiliger Beschwerde!
Du stimmst so ernst zu dieser Frühlingswonne,
Du breitest im verjüngten Strahl der Sonne
Des Kreuzes Schatten auf die lichte Erde

Und senkest schweigend deine Flöre nieder;
Der Frühling darf indessen immer keimen,
Das Veilchen duftet unter Blütenbäumen,
Und alle Vöglein singen Jubellieder.

O schweigt, ihr Vöglein auf den grünen Auen!
Es hallen rings die dumpfen Glockenklänge,
Die Engel singen leise Grabgesänge;
O still, ihr Vöglein hoch im Himmelblauen!

Ihr Veilchen, kränzt heut keine Lockenhaare!
Euch pflückt mein frommes Kind zum dunkeln Strauße,
Ihr wandert mit zum Muttergotteshause,
Da sollt ihr welken auf des Herrn Altare.

Ach dort, von Trauermelodien trunken
Und süß betäubt von schweren Weihrauchdüften,
Sucht sie den Bräutigam in Todesgrüften,
Und Lieb und Frühling, alles ist versunken.

Marie Luise Kaschnitz
1901–1974

GRÜNDONNERSTAG

Gab uns ein Schiff der Herr Admiral
Hinüber zur Insel zu fahren.
Ein Schiff voller Leute, doch aussteigen wollte keiner
Nur drei Fischer, drei Bauern mit Ostereiern
Eine schwarze Ziege und wir.

Erließ ein Verbot der Herr Kommissar
Diesen Tag lang für alle Motoren.
Die Wagen durften nur gewaschen werden
Im zärtlichen Sprühregen standen sie still
Überhängt von Glyzinientrauben.

Deckte den Tisch uns der Herr Wirt
Tief im Citronengarten.
Auf dem Roßhaarsofa saßen wir, machten die Augen zu
Die Vögel wurden in Käfigen an die Sonne gehängt
Barfüßige Kinder spielten.

Läutete die Glocken der Herr Kaplan
Entließ aus der Kirche den Zug
Weiße Kapuzen mit Augenschlitzen
Schwarze Kreuze, die zogen vorüber
Der Gartenmauer, die schauten herüber
Die nickten –

Hermann Hesse
1877–1962

KARFREITAG

Verhangener Tag, im Wald noch Schnee,
Im kahlen Holz die Amsel singt:
Des Frühlings Atem ängstlich schwingt,
Von Lust geschwellt, beschwert von Weh.

So schweigsam steht und klein im Gras
Das Krokusvolk, das Veilchennest,
Es duftet scheu und weiß nicht was,
Es duftet Tod und duftet Fest.

Baumknospen stehn von Tränen blind,
Der Himmel hängt so bang und nah,
Und alle Gärten, Hügel sind
Gethsemane und Golgatha.

Hanns von Gumppenberg
1866–1928

DER EIERKUCHEN

Am heiligen Karfreitag
Grub ich ein Kräutlein fruh:
In einem Eierkuchen
Schickt' ich's dem Liebsten zu.

Es wird ihm gar nichts schaden,
Ihr blonden Schwestern, wißt!
Er ißt es mit dem Fladen,
Und meiner nie vergißt.

Joseph von Eichendorff
1788–1857

OSTERN

Vom Münster Trauerglocken klingen,
Vom Tal ein Jauchzen schallt herauf.
Zur Ruh sie dort dem Toten singen,
Die Lerchen jubeln: wache auf!
Mit Erde sie ihn still bedecken,
Das Grün aus allen Gräbern bricht,
Die Ströme hell durchs Land sich strecken,
Der Wald ernst wie in Träumen spricht,
Und bei den Klängen, Jauchzen, Trauern,
So weit ins Land man schauen mag,
Es ist ein tiefes Frühlingsschauern
Als wie ein Auferstehungstag.

Bertolt Brecht
1898−1956

KARSAMSTAGSLEGENDE

Den Verwaisten gewidmet
Seine Dornenkrone
Nahmen sie ab
Legten ihn ohne
Die Würde ins Grab.

Als sie gehetzt und müde
Andern Abends wieder zum Grabe kamen
Siehe, da blühte
Aus dem Hügel jenes Dornes Samen.

Und in den Blüten, abendgrau verhüllt
Sang wunderleise
Eine Drossel süß und mild
Eine helle Weise.

Da fühlten sie kaum
Mehr den Tod am Ort
Sahen über Zeit und Raum
Lächelten im hellen Traum
Gingen träumend fort.

Emanuel Geibel
1815−1884

OSTERMORGEN

Die Lerche stieg am Ostermorgen
Empor ins klarste Luftgebiet
Und schmettert hoch im Blau verborgen
Ein freudig Auferstehungslied.
Und wie sie schmetterte, da klangen
Es tausend Stimmen nach im Feld:
Wach auf, das Alte ist vergangen,
Wach auf, du froh verjüngte Welt!

Wacht auf und rauscht durchs Tal, ihr Bronnen,
Und lobt den Herrn mit frohem Schall!
Wacht auf im Frühlingsklang der Sonnen,
Ihr grünen Halm und Läuber all!
Ihr Veilchen in den Waldesgründen,
Ihr Primeln weiß, ihr Blüten rot,
Ihr sollt es alle mitverkünden:
Die Lieb ist stärker als der Tod.

Wacht auf, ihr trägen Menschenherzen,
Die ihr im Winterschlafe säumt,
In dumpfen Lüften, dumpfen Schmerzen,
Ein gottentfremdet Dasein träumt.
Die Kraft des Herrn weht durch die Lande
Wie Jugendhauch, o laßt sie ein!
Zerreißt wie Simson eure Bande,
Und wie die Adler sollt ihr sein.

Wacht auf ihr Geister, deren Sehnen
Gebrochen an den Gräbern steht,
Ihr trüben Augen, die vor Tränen
Ihr nicht des Frühlings Blüten seht,
Ihr Grübler, die ihr fern verloren
Traumwandelnd irrt auf wüster Bahn,
Wacht auf! Die Welt ist neu geboren,
Hier ist ein Wunder, nehmt es an!

Ihr sollt euch all des Heiles freuen,
Das über euch ergossen ward!
Es ist ein inniges Erneuern
Im Bild des Frühlings offenbart.
Was dürr war, grünt im Wehn der Lüfte,
Jung wird das Alte fern und nah.
Der Odem Gottes sprengt die Grüfte –
Wacht auf! Der Ostertag ist da.

Johann Wolfgang von Goethe
1749–1832

»Osterspaziergang«

Vom Eise befreit sind Strom und Bäche
Durch des Frühlings holden, belebenden Blick;
Im Tale grünet Hoffnungs-Glück;
Der alte Winter, in seiner Schwäche,
Zog sich in rauhe Berge zurück.
Von dorther sendet er, fliehend, nur
Ohnmächtige Schauer körnigen Eises
In Streifen über die grünende Flur;
Aber die Sonne duldet kein Weißes,
Überall regt sich Bildung und Streben,
Alles will sie mit Farben beleben;
Doch an Blumen fehlt's im Revier,
Sie nimmt geputzte Menschen dafür.
Kehre dich um, von diesen Höhen
Nach der Stadt zurück zu sehen.
Aus dem hohlen finstern Tor
Dringt ein buntes Gewimmel hervor.
Jeder sonnt sich heute so gern.

Sie feiern die Auferstehung des Herrn,
Denn sie sind selber auferstanden,
Aus niedriger Häuser dumpfen Gemächern,
Aus Handwerks- und Gewerbes-Banden,
Aus dem Druck von Giebeln und Dächern,
Aus der Straßen quetschender Enge,
Aus der Kirchen ehrwürdiger Nacht
Sind sie alle an's Licht gebracht.
Sieh nur sieh! wie behend sich die Menge
Durch die Gärten und Felder zerschlägt,
Wie der Fluß, in Breit' und Länge,
So manchen lustigen Nachen bewegt,
Und, bis zum Sinken überladen,
Entfernt sich dieser letzte Kahn.
Selbst von des Berges fernen Pfaden
Blinken uns farbige Kleider an.
Ich höre schon des Dorfs Getümmel,
Hier ist des Volkes wahrer Himmel,
Zufrieden jauchzet groß und klein:
Hier bin ich Mensch, hier darf ich's sein.

Friedrich Karl von Gerok
1815—1890

OSTERFEST

Der Winter ist vergangen,
Er drückt uns wie ein Traum,
Die Schlüsselblumen prangen,
Frisch knospen Busch und Baum,
Die Mägdlein und die Buben
Behält's nicht mehr im Haus,
Sie schwärmen aus den Stuben
Wie muntre Bienen aus.

Die Spiele sind vergessen,
Die Christkind einst gebracht,
Dabei man still gesessen
In langer Winternacht;
Verklungen sind die Lieder
Der schönen Weihnachtszeit,
Doch seht, schon ist uns wieder
Ein fröhlich Fest bereit!

Man feiert's nicht im Zimmer,
Nein, auf der grünen Au,
Nicht bei der Kerzen Schimmer,
Nein, unterm Himmelsblau:
Des Christbaums dunkle Äste
Stehn leer von goldner Frucht,
Nun wird im moos'gen Neste
Das Osterei gesucht.

Süß klang es in die Ohren
Zur Winternacht so kalt:
Der Heiland ist geboren!
Da jauchzte jung und alt,

Nun tönt's in allen Landen
Im Frühlingssonnenschein:
Der Herr ist auferstanden,
Deß freu sich groß und klein!

Friedrich Wilhelm Güll
1812–1879

OSTERHÄSLEIN

Drunten an den Gartenmauern
Hab ich sehn das Häslein lauern.
        Eins, zwei, drei:
        Legt's ein Ei,
Lang wird's nimmer dauern.

Kinder, laßt uns niederducken!
Seht ihr's ängstlich um sich gucken? –
        Ei, da hüpft's –
        Und dort schlüpft's
Durch die Mauerlucken.

Und nun sucht in allen Ecken,
Wo die schönen Eier stecken,
        Rot und blau,
        Grün und grau
Und mit Marmelflecken!

Albrecht Goes
1908–2000

KINDHEITSOSTERN IN DER GROSSSTADT

Nur ein Hof und halb ein Garten,
Zehn, zwölf Schritte im Geviert,
Wie, wie haben sich Akazie
Hier und Rotdorn herverirrt?

Wohl, ein wenig Gras, und bläßlich
Der Aurikeln schmaler Saum,
Und du siehst die Teppichstange,
Und den Himmel siehst du kaum.

Amsel nicht und goldner Imme
Flügelschlag nicht kehrt er ein –
Menschenlos nur blickt aus hundert
Fenstern still und streng herein.

Aber Ostern! Kinderostern,
Enkeltag und Ahnenbild,
Und das Nest ist leicht gefunden,
Und die Sehnsucht früh gestillt.

›Führst du mich, mein Kind?‹ ›Ich führe.‹
Und der Treppen sind es vier.
Und rund um das Ei geschrieben
Steht: dies Ei, ich schenk es dir.

Gingen Jahre – und ein Garten
Kam, ein Wunder kam herbei:
Weg und Waldung, Blumenwiese,
Moosversteck und Jubelschrei,

Buntes Ei und farbger Zucker,
Hasenpracht und Marzipan –
Wie geschiehts, daß einer plötzlich
Nichts als sich verbergen kann?

Wer begreift solch närrisch Wesen
Und so wunderlichen Sinn,
Wer, daß ich nach jener ersten
Rotdornhecke durstig bin?

Und ihr fragt mich, was ich finde,
Geh ich weiter weit zurück?
Einen kleinen Becher Armut,
Einen großen Becher Glück.

Christian Morgenstern
1871 – 1914

BUTTERBLUMENGELBE WIESEN

Butterblumengelbe Wiesen,
sauerampferrot getönt, –
o du überreiches Sprießen,
wie das Aug dich nie gewöhnt!

Wohlgesangdurchschwellte Bäume,
wunderblütenschneebereift –
ja, fürwahr, ihr zeigt uns Träume,
wie die Brust sie kaum begreift.

Theodor Storm
1817—1888

NEUER FRÜHLING

Der liebe Frühling kommt mit hellem Klange
Und streuet seinen Schmelz auf Hain und Triften;
Viel tausend Vögel wiegen sich in Lüften
Und feiern ihn mit lautem Freudensange. —

Auch du, mein Herz, ihn freundlich zu empfangen,
Aus starrer Trauer mußt du dich erheben!
Was willst du noch der alten Liebe leben,
Da rings umher nur frische Rosen prangen.

Und konnt im Lenz die alte Lieb verglühen,
So mag die Trauer mit dem Winter schwinden;
Im neuen Lenz wird neue Lieb erblühen.

Es sind ja Blumen noch genug zu finden,
Der ganzen Flur ist neuer Schmuck verliehen!
Drum will auch ich aufs neu mir Kränze winden!

Joseph von Eichendorff
1788—1857

FRÜHLINGSNACHT

Übern Garten durch die Lüfte
Hört ich Wandervögel ziehn,
Das bedeutet Frühlingsdüfte,
Unten fängts schon an zu blühn.

Jauchzen möcht ich, möchte weinen,
Ist mirs doch, als könnts nicht sein!
Alte Wunder wieder scheinen
Mit dem Mondesglanz herein.

Und der Mond, die Sterne sagens,
Und in Träumen rauschts der Hain,
Und die Nachtigallen schlagens:
Sie ist Deine, sie ist dein!

Karl Stieler
1842–1885

AUFERSTANDEN

Durchs Fenster scheint der Maientag,
Ich schließe die Augenlider
Und horche – das ist Lerchenschlag!
        Oh, endlich wieder!

Ich lausche, wie des Windes Hauch
Dahinrauscht durch die Zweige,
Es keimen Blüten an jedem Strauch,
        Auf jedem Steige.

Da rührt mich Wonne allzumal,
Ich schließe die Augenlider –
Ich fühl es wie einen Sonnenstrahl;
        Ich lebe wieder!

Es singt die Lerche noch immer fort,
Mein Herze möcht zerspringen,
Ich lasse verstummen Wort um Wort –
        Und laß sie singen!

IV

DER MAI, DER KOMMT MIT GLÄNZEN

Süßer Mai! Du bringest nieder
Blume, Blüte, Sonnenschein,
Daß ich wisse, wem die Lieder,
Wem das Herz, das Leben weihn.

Clemens Brentano

Matthias Claudius
1740–1815

DER FRÜHLING. AM ERSTEN MAIMORGEN

Heute will ich fröhlich sein,
    Keine Weis und keine Sitte hören;
Will mich wälzen, und für Freude schrein,
    Und der König soll mir das nicht wehren;
Denn *er* kommt mit seiner Freuden Schar
    Heute aus der Morgenröte Hallen,
Einen Blumenkranz um Brust und Haar
    Und auf seiner Schulter Nachtigallen;
Und sein Antlitz ist ihm rot und weiß,
    Und er träuft von Tau und Duft und Segen –
Ha! mein Thyrsus sei ein Knospenreis
    Und so tauml ich meinem Freund entgegen.

Friedrich von Hagedorn
1708—1754

DER ERSTE MAY

Der erste Tag im Monat May
Ist mir der glücklichste von allen.
Dich sah ich, und gestand dir frey,
Den ersten Tag im Monat May,
Daß dir mein Herz ergeben sey.
Wenn mein Geständniß dir gefallen;
So ist der erste Tag im May
Für mich der glücklichste von allen.

Ludwig Christoph Heinrich Hölty
1748–1776

FRÜHLINGSLIED

Die Luft ist blau, das Tal ist grün,
Die kleinen Maienglocken blühn
Und Schlüsselblumen drunter;
    Der Wiesengrund
    Ist schon so bunt
Und malt sich täglich bunter.

Drum komme, wem der Mai gefällt,
Und freue sich der schönen Welt
Und Gottes Vatergüte,
    Die diese Pracht
    Hervorgebracht,
Den Baum und seine Blüte.

Joseph von Eichendorff
1788–1857

FRISCHE FAHRT

Laue Luft kommt blau geflossen,
Frühling, Frühling soll es sein!
Waldwärts Hörnerklang geschossen,
Mutger Augen lichter Schein,
Und das Wirren bunt und bunter
Wird ein magisch wilder Fluß,
In die schöne Welt hinunter
Lockt dich dieses Stromes Gruß.

Und ich mag mich nicht bewahren!
Weit von Euch treibt mich der Wind,
Auf dem Strome will ich fahren,
Von dem Glanze selig blind!
Tausend Stimmen lockend schlagen,
Hoch Aurora flammend weht,
Fahre zu! ich mag nicht fragen,
Wo die Fahrt zu Ende geht!

Oda Schaefer
1900—1988

Mai

Wie Federbälle sind die leichten Vogelbrüste
In Wind und Himmel selig hingeschnellt
Und fallen im Gebüsch der Weiden nieder.
Bedeckt mit hellem Flaum und Laub ist nun das wüste,
Das winterliche Land ... die Erde hält
Gleich einem jungen Zweig die Amsellieder.

Und wieder sind die schmalen Inseln angeschwemmt,
Auf denen Jubel ist und rasche Paarung,
Das Gras verbirgt Entzücken und das Nest.
Es spielt das Wasser, weiß von Hecken eingedämmt,
Im Licht der morgendlichen Offenbarung
Und blühend hebt zum Mittag sich das Fest.

Johann Wolfgang von Goethe
1749–1832

MAI

Leichte Silberwolken schweben
Durch die erst erwärmten Lüfte,
Mild, von Schimmer sanft umgeben,
Blickt die Sonne durch die Düfte.
Leise wallt und drängt die Welle
Sich am reichen Ufer hin;
Und wie reingewaschen helle,
Schwankend hin und her und hin,
Spiegelt sich das junge Grün.

Still ist Luft und Lüftchen stille;
Was bewegt mir das Gezweige?
Schwüle Liebe dieser Fülle,
Von den Bäumen durchs Gesträuche.
Nun der Blick auf einmal helle,
Sieh! der Bübchen Flatterschar,
Das bewegt und regt so schnelle,
Wie der Morgen sie gebar,
Flügelhaft sich Paar und Paar.

Fangen an, das Dach zu flechten –
Wer bedürfte dieser Hütte? –
Und wie Zimmrer, die gerechten,
Bank und Tischchen in der Mitte!
Und so bin ich noch verwundert,
Sonne sinkt, ich fühl es kaum;
Und nun führen aber hundert
Mir das Liebchen in den Raum,
Tag und Abend, welch ein Traum!

Joseph von Eichendorff
1788–1857

DER SCHALK

Läuten kaum die Maienglocken
Leise durch den lauen Wind,
Hebt ein Knabe froh erschrocken
Aus dem Grase sich geschwind,
Schüttelt in den Blütenflocken
Seine feinen blonden Locken,
Schelmisch sinnend wie ein Kind.

Und nun wehen Lerchenlieder,
Und es schlägt die Nachtigall,
Rauschend von den Bergen nieder
Kommt der kühle Wasserfall,
Rings im Walde bunt Gefieder: –
Frühling, Frühling ist es wieder
Und ein Jauchzen überall.

Und den Knaben hört man schwirren,
Goldne Fäden zart und lind
Durch die Lüfte künstlich wirren –
Und ein süßer Krieg beginnt:
Suchen, Fliehen, schmachtend Irren.
Bis sich alle hold verwirren. –
O beglücktes Labyrinth!

August Heinrich Hoffmann von Fallersleben
1798–1874

Zum Reigen herbei

Zum Reigen herbei
Im fröhlichen Mai!
Mit Blüten und Zweigen
Bekränzt euch zum Reigen!
Im fröhlichen Mai
Zum Reigen herbei!

Zum Reigen herbei!
Mit Jubelgeschrei
Die Vögel sich schwingen,
Sie rufen und singen
Mit Jubelgeschrei:
Zum Reigen herbei!

Juchheissa, Juchhei!
Wie schön ist der Mai!
Wir haben's vernommen
Wir kommen, wir kommen.
Wie schön ist der Mai,
Juchheissa, juchhei!

Achim von Arnim
1781 – 1831

O süßer Mai!
Der Strom ist frei.
Ich steh' verschlossen,
Mein Aug' verdrossen.

Ich seh' nicht deine grüne Tracht,
Nicht deine buntgeblümte Pracht,
Nicht dein Himmelsblau,
Zur Erd' ich schau'.

O süßer Mai,
Lasse mich frei,
Wie den Gesang
An den dunkeln Hecken entlang.

Ludwig Christoph Heinrich Hölty
1748–1776

MAILIED

Der Schnee zerrinnt,
Der Mai beginnt,
Die Blüten keimen
Den Gartenbäumen,
Und Vögelschall
Tönt überall.

Pflückt einen Kranz
Und haltet Tanz
Auf grünen Auen,
Ihr schönen Frauen,
Pflückt einen Kranz
Und haltet Tanz!

Wer weiß, wie bald
Die Glocke schallt,
Da wir des Maien
Uns nicht mehr freuen,
Wer weiß, wie bald
Sie leider schallt.

Drum werdet froh!
Gott will es so,
Der uns das Leben
Zur Lust gegeben,
Genießt der Zeit,
Die Gott verleiht!

Adelbert von Chamisso
1781 – 1838

ROSEN IN DEN MAIEN

Rosen in dem Maien
    Und der Liebe Fest!
Schwalben und die Lieben
    Bauen sich ihr Nest.

Maienrosen, Lieder,
    Schwalben, Liebe gar!
Und ich werde wieder
    Jung im grauen Haar.

August Heinrich Hoffmann von Fallersleben
1798–1874

IM ROSENBUSCH DIE LIEBE SCHLIEF

Im Rosenbusch die Liebe schlief,
Der Frühling kam, der Frühling rief;
Die Liebe hört's, die Lieb' erwacht,
Schaut aus der Knosp' hervor und lacht,
Und denkt, zu zeitig möcht's halt sein,
Und schläft dann ruhig wieder ein.

Der Frühling aber läßt nicht nach,
Er küßt sie jeden Morgen wach;
Er kost mit ihr von früh bis spat,
Bis sie ihr Herz geöffnet hat
Und seine heiße Sehnsucht stillt
Und jeden Sonnenblick vergilt.

Eduard Mörike
1804–1875

ZU VIEL

Der Himmel glänzt vom reinsten Frühlingslichte,
Ihm schwillt der Hügel sehnsuchtsvoll entgegen,
Die starre Welt zerfließt in Liebessegen
Und schmiegt sich rund zum zärtlichsten Gedichte.

Am Dorfeshang, dort bei der luftgen Fichte,
Ist meiner Liebsten kleines Haus gelegen –
O Herz, was hilft dein Wiegen und dein Wägen,
Daß all der Wonnestreit in dir sich schlichte!

Du, Liebe, hilf den süßen Zauber lösen,
Womit Natur in meinem Innern wühlet!
Und du, o Frühling, hilf die Liebe beugen!

Lisch aus, o Tag! Laß mich in Nacht genesen!
Indes ihr sanften Sterne göttlich kühlet,
Will ich zum Abgrund der Betrachtung steigen.

Heinrich Heine
1797—1856

MIR TRÄUMTE WIEDER DER ALTE TRAUM

Mir träumte wieder der alte Traum:
Es war eine Nacht im Maye,
Wir saßen unter dem Lindenbaum,
Und schwuren uns ewige Treue.

Das war ein Schwören und Schwören auf's Neu',
Ein Kichern, ein Kosen, ein Küssen;
Daß ich gedenk des Schwures sey,
Hast du in die Hand mich gebissen.

O Liebchen mit den Äuglein klar!
O Liebchen, schön und bissig!
Das Schwören in der Ordnung war,
Das Beißen war überflüssig.

Joseph von Eichendorff
1788−1857

DURCHEINANDER

Spatzen schrein und Nachtigallen,
Nelke glüht und Distel sticht,
Rose schön durch Nesseln bricht,
Besser noch hat mir gefallen
Liebchens spielendes Augenlicht;
Aber fehlte auch nur Eins von allen,
's wär eben der närrische Frühling nicht.

Karl Krolow
1915 – 1999

NEUES WESEN

Blau kommt auf
wie Mörikes leiser Harfenton.
Immer wieder
wird das so sein.
Die Leute streichen
ihre Häuser an.
Auf die verschiedenen Wände
scheint Sonne.
Jeder erwartet das.
Frühling, ja, du bists!
Man kann das nachlesen.
Die grüne Hecke ist ein Zitat
aus einem unbekannten Dichter.

Die Leute streichen auch
ihre Familien an, die Autos,
die Boote,
Ihr neues Wesen
gefällt allgemein.

Mascha Kaléko
1907–1975

NACHDENKLICHES PFINGSTGEDICHT

Die Heckenrose greift nicht zum Kalender,
um festzustellen, wann der Lenz beginnt.
Die Schwalben finden heim in ihre Länder.
Ihr »Reiseführer« ist der Maienwind.

Der kleinste Käfer rüstet sich im Grase
und weiß auch ohne Weckeruhr Bescheid.
Die Frösche kommen pünktlich in Ekstase.
Und auch die Schmetterlinge sind bereit.
Im Stalle blöken neugeborne Schafe,
und junge Entlein tummeln sich im Bach.
Der Wald erwacht aus seinem Winterschlafe
ganz ohne Kompaß oder Almanach.

Ein Badehöschen flattert von der Stange.
Es riecht nach Maitrank, Bohnerwachs und Zimt.
Die Kaffeegärten rüsten zum Empfange.
Der Lenz beginnt. Es dauert ziemlich lange,
bis ihn das Menschenherz zur Kenntnis nimmt.
Und Blüten treibt. (Sofern das Datum stimmt.)

Matthias Claudius
1740–1815

MAILIED

O wie schön, wie schön ist der Mai!
Gras und Blumen wachsen,
Bäume haben Blätter,
Sanfte Winde wehen,
Stiere gehn und weiden,
Junge Lämmer blöken,
O wie schön, wie schön ist der Mai.

Seht hier diese Wiese!
Tausend grüne Spitzen,
Und an allen Spitzen
Hangen Tropfen Tau.
Wie die Schlüsselblumen
Hier beisammen stehen!
Wie die Blätter rauschen!
Und dort fern am Hügel
Singt die Nachtigall.
Rund umher ist Freude,
Freude dort am Hügel,
Und im Tale Freude,

Freude in Gebüschen,
Freude auf den Bäumen,
Alles lebt und fühlet,
O wie schön, wie schön ist der Mai!

Wenn doch Daphne käme! –
Wehet sanft, ihr Winde,
Duftet süß, ihr Blumen!
Ich will jetzt die schönsten
Ganz behutsam pflücken,
Nicht den Blüten schaden,
Nicht den Tau verschütten,
Und beim Morgengruße
Ihr die Blumen geben
Und dann stehn und sehen,
Wie sie Kränze flechtet,
Wie sie unter ihnen
Den bescheidnen wählet,
Um die Stirn' ihn windet
Und dann freundlich blicket
Unterm Blumenkranze.

Wenn doch Daphne käme! –
– – Und an allen Spitzen
Hangen Tropfen Tau,
Und die Stiere weiden,
Und die Blumen wachsen,
Und die Blätter rauschen,
Und die Lämmer blöken,
Und dort fern am Hügel
Singt die Nachtigall.

Heinrich Heine
1797−1856

IM WUNDERSCHÖNEN MONAT MAI

1

Im wunderschönen Monat Mai,
Als alle Knospen sprangen,
Da ist in meinem Herzen
Die Liebe aufgegangen.
Im wunderschönen Monat Mai,
Als alle Vögel sangen,
Da hab ich ihr gestanden
Mein Sehnen und Verlangen.

2

Aus meinen Tränen sprießen
Viel blühende Blumen hervor,
Und meine Seufzer werden
Ein Nachtigallenchor.
Und wenn du mich liebhast, Kindchen,
Schenk ich dir die Blumen all,
Und vor deinem Fenster soll klingen
Das Lied von der Nachtigall.

Clemens Brentano
1778−1842

DEIN LIED ERKLANG, ICH HABE ES GEHÖRET

Dein Lied erklang, ich habe es gehöret,
Wie durch die Rosen es zum Monde zog;
Den Schmetterling, der bunt im Frühling flog,
Hast du zur frommen Biene dir bekehret,
Zur Rose ist mein Drang,
Seit mir dein Lied erklang!

Dein Lied erklang, die Nacht hat's hingetragen,
Ach, meiner Ruhe süßes Schwanenlied!
Dem Mond, der lauschend von dem Himmel sieht,
Den Sternen und den Rosen muß ich's klagen,
Wohin sie sich nun schwang,
Der dieses Lied erklang!

Dein Lied erklang, es war kein Ton vergebens,
Der ganze Frühling, der von Liebe haucht,
Hat, als du sangest, nieder sich getaucht
Im sehnsuchtsvollen Strome meines Lebens,
Im Sonnenuntergang,
Als mir dein Lied erklang!

Johann Martin Miller
1750–1814

Der Frühling

An Röschen
Siehe, mein Röschen, der Frühling ist da;
Freuden die Fülle sind ferne, sind nah;
Blumen entspringen;
Vögelein singen,
Daß die Gebürg' und die Täler erklingen.

Laß uns besuchen den seligen Plan,
Wo wir uns beide das erste Mal sah'n!
Blumen entsprangen;
Vögelein sangen,
Daß die Gebürg' und die Täler erklangen.

Aber ich wandelte traurig einher,
Fühlte die Freuden des Maien nicht mehr,
Blickte danieder;
Blumen und Lieder
Waren dem liebenden Jüngling zuwider.

Bis du mein einsames Klagen gehört
Und mir die Tränen in Lachen verkehrt.
Jetzo erfreuen
Wieder von neuen
Mich die gesegneten Tage des Maien.

Rose Ausländer
1901 — 1988

MAI II

Mit Maiglöckchen
läutet das junge Jahr
seinen Duft

Der Flieder erwacht
aus Liebe zur Sonne
Bäume erfinden wieder ihr Laub
und führen Gespräche

Wolken umarmen die Erde
mit silbernem Wasser
da wächst alles besser

Schön ists im Heu zu träumen
dem Glück der Vögel zu lauschen

Es ist Zeit sich zu freuen
an atmenden Farben
zu trauen dem blühenden Wunder

Ja es ist Zeit
sich zu öffnen
allen ein Freund zu sein
das Leben zu rühmen

Robert Hamerling
1830—1889

LENZESGABE

Mit seinem Füllhorn kam der Lenz gezogen
Und Lieblichstes ward links und rechts entsendet:
Glanz ward dem See, dem Strome zugewendet
Und Klang den Vöglein, die da lustig flogen.

Duft ward den Blumen, dran die Bienen sogen,
Azur dem Himmel, Grün dem Hain gespendet:
Und alsbald war die Fülle ganz verschwendet
An Vögel, Bäume, Blumen, Lüfte, Wogen.

Doch als der Lenz mich sah mit bleichen Wangen,
Da sprach er, gleich als ob es ihn gereuet,
Daß leer allein der Dichter ausgegangen:

»Hin gab ich, was die einzelnen erfreuet,
Doch dir nun schenk' ich dies gesamte Prangen,
Dein Herz versammle, was ich rings zerstreuet!«

Friedrich Rückert
1788—1866

ICH HAB IN MICH GESOGEN

Ich hab in mich gesogen
Den Frühling treu und lieb,
Daß er, der Welt entflogen,
Hier in der Brust mir blieb.

Hier sind die blauen Lüfte,
Hier sind die grünen Aun,
Die Blumen hier, die Düfte,
Der blühnde Rosenzaun.

Und hier am Busen lehnet
Mit süßem Liebesach
Die Liebste, die sich sehnet
Den Frühlingswonnen nach.

Sie lehnt sich an, zu lauschen,
Und hört in stiller Lust
Die Frühlingströme rauschen
In ihres Dichters Brust.

Da quellen auf die Lieder
Und strömen über sie
Den vollen Frühling nieder,
Den mir der Gott verlieh.

Und wie sie, davon trunken,
Umblicket rings im Raum,
Blüht auch von ihren Funken
Die Welt, ein Frühlingstraum.

Zu dieser Ausgabe

Warum Frühlingsgedichte der deutschsprachigen Dichter liebstes Kind zu sein scheinen, hat nüchtern betrachtet eine augenfällige Erklärung: Nach den kalten und oft strengen Wintern ist das Erwachen in der Natur ein Zeichen für den Beginn neuen Lebens. Die ersten Sonnenstrahlen, die ersten Blumen sind Boten eines alljährlich ersehnten Aufbruchs aus der Tristesse der dunklen Tage in wärmere und buntere Gefilde. Hoffen und Bangen, Erinnern und Wissen, Vorfreude und Jubel kennzeichnen daher all die kleinen Kunstwerke vom Barock bis zur Gegenwart, die in diesem Band einladen, jeden Frühlingstag mit Poesie zu feiern.

Fortschreitend mit den Monaten – vom Vorfrühling im März, dem launischen April und dem großen Auferstehungsfest an Ostern bis hin zum Wonnemonat Mai – lassen sich die vielfältigen Gedichtformen entdecken: der schlichte volksliedhafte Vers, das strenge Sonett oder der freie Rhythmus in der Moderne. Vertraute Töne werden etwa mit Mörikes »Frühling läßt sein blaues Band / Wieder flattern durch die Lüfte« angeschlagen, Georg Trakls ›Frühling der Seele‹ wiederum zählt vielleicht eher zu den unbekannteren Gedichten.

Unvergeßlich haben sich mir, wie gewiß auch vielen Lesern, aus früher Jugend vertonte Frühlingsgedichte eingeprägt, die es so in anderen Nationalliteraturen nicht gibt: zum Beispiel Heinrich Heines Lied »Leise zieht durch mein Gemüt«, vertont von Felix Mendelssohn-Bartholdy oder Christian Adolf Overbecks »Komm, lieber Mai, und mache / Die Bäume wieder grün« mit der Melodie von Wolfgang Amadeus Mozart aus dem Jahre 1791.

Ausgangspunkt aller Frühlingslyrik ist die Beziehung Mensch und Natur. Die Beobachtung und Beschreibung der äußeren Vorgänge spiegelt inneres Erleben wider, provoziert gleichsam den Widerhall beim Dichter. Das neue Werden wird dabei sehr häufig mit dem Thema der Liebe verknüpft.

Aus der Überfülle auszuwählen bedeutet Beschwer. Kenner werden Goethes berühmtes ›Mailied‹, »Wie herrlich leuchtet mir die Natur«, vermissen und anderes mehr. Bleibt zu hoffen, daß dieses kleine Buch die Leser erfreut: daß sie Tag für Tag in die Atmosphäre der Frühlingszeit eintauchen und sich ihrem unwiderstehlichen Zauber hingeben, der Dichter Jahrhundert um Jahrhundert bewegte und bewegt. Denn wie sagte Erich Kästner so treffend:

»Es ist zwar jedes Jahr dieselbe Sache, / doch es ist immer wie zum erstenmal«.

Gudrun Bull

QUELLENNACHWEIS

Achim von Arnim
Selbstbeschwerung 128
In: Des Knaben Wunderhorn. Alte deutsche Lieder. Bd. III. Neue
Ausgabe. Berlin 1846

Rose Ausländer
Mai II 144
In: Gesammelte Werke in sieben Bänden. Hg. von Helmut Braun.
Bd. VI. Wieder ein Tag aus Glut und Wind. Gedichte 1980–1982.
© 1986 S. Fischer Verlag GmbH, Frankfurt a. M.

Gottfried Benn
Anemone 23
In: Statische Gedichte. © 1948, 2000 Arche Verlag AG, Zürich-
Hamburg

Bertolt Brecht
Das Frühjahr 64
In: Werke. Große kommentierte Berliner und Frankfurter Aus-
gabe. Bd. 14. © 1993 Suhrkamp Verlag, Frankfurt a. M.
Karsamstagslegende 102
In: ebd. Bd. 13

Clemens Brentano
Dein Lied erklang, ich habe es gehöret 142
In: Werke. Bd. I. München 1968